LE

DUC DE CHOISEUL

ET L'ANGLETERRE

LA MISSION DE M. DE BUSSY A LONDRES

PAR

ALFRED BOURGUET

Extrait de la *Revue historique*,
Tome LXXI, année 1899.

PARIS
1899

LE

DUC DE CHOISEUL

ET

L'ANGLETERRE

LA MISSION DE M. DE BUSSY A LONDRES.

« En 1761, déclare Talleyrand dans ses mémoires, M. de Choiseul, effrayé des maux de tout genre qu'éprouvait la France, essaya d'en abréger la durée par une paix particulière avec l'Angleterre. Il n'y réussit pas. »

C'est l'histoire de ces négociations que je voudrais aujourd'hui retracer dans la *Revue*. Les documents recueillis aux archives du quai d'Orsay m'ont semblé, en dépit de l'insuccès qui a mis fin à ces démarches, valoir la peine d'être présentés au lecteur, car ils jettent sur la politique étrangère du duc de Choiseul un jour tout à fait intéressant. Il est réconfortant, pour un Français, de trouver chez le ministre chargé de nos relations extérieures, dans une époque où le prestige de la France était atteint par de cruelles épreuves, une fierté d'allures et une clarté de vues qui lui font singulièrement honneur et qui auraient mérité un meilleur sort.

I.

La guerre avait épuisé les deux pays qui succombaient sous le poids de charges financières accablantes. Le crédit public était loin d'offrir à cette époque les ressources d'élasticité qu'il présente de nos jours. Comme il n'en était pas moins une des conditions indispensables de la lutte, il fallait, de part et d'autre, envisager le moment où la guerre cesserait faute, non pas de combattants, mais de ressources pour les alimenter.

Il ne semblait pas, d'ailleurs, que la continuation des hostilités pût modifier d'une façon sensible la situation des belligérants. Les combats pouvaient durer quelque temps encore, la face des choses ne paraissait guère devoir changer. Un peu plus d'écrasement pour chacune des deux nations, qui en supportait déjà bien assez, voilà tout ce que l'on obtiendrait et ce qui se réalisa effectivement par suite des obstacles que fit naître Pitt à la conclusion de la paix dès l'année 1761.

Depuis le jour où l'amiral Boscawen, en exécutant les instructions du ministère Newcastle[1], avait rendu la guerre inévitable par la prise de l'Alcide et du Lys, la France avait perdu la possession de la plus grande partie de son domaine colonial en Amérique et aux Indes. En 1758, les Anglais s'étaient emparés de Louisbourg et du fort Duquesne. En 1759, la flotte française, commandée par La Clue, avait été battue au mois d'août en vue de Lagos et, le 20 novembre de la même année, la « journée de M. de Conflans » dissipa l'espoir d'une descente en Écosse préparée par les soins de Choiseul. La Guadeloupe, Marie-Galande avaient succombé, et la prise de Montréal était le signal de la perte définitive du Canada. Le 22 janvier 1760, la bataille de Wandeswah devait, en consacrant la défaite de l'influence française, donner les Indes à l'Angleterre.

La force s'était donc prononcée contre nous. Il ne restait plus d'espérance que dans l'habileté de la diplomatie. Louis XV et Choiseul le comprirent sans peine. Le 26 mars 1761, le ministre signa un « mémoire pour la paix » qu'il fit parvenir à Pitt, par l'intermédiaire du prince Galitsin, ambassadeur de Russie à Londres, et qu'il accompagna d'une lettre aussi claire que franche.

La situation de l'Europe était alors singulièrement compliquée par les prétentions contraires des deux camps en présence.

L'Angleterre, fière de ses succès, était personnifiée par l'un des plus grands ministres qu'elle ait jamais eus. William Pitt, dont on pourrait dire que la nation était folle, avait rendu au nom

1. Instructions secrètes pour le vice-amiral Boscawen, 16 avril 1755, *Record office*, citées par M. Waddington, *Louis XV et le renversement des alliances*, p. 96, n. 1.

anglais un éclat indéniable. Cette âme forte avait pris sur ses contemporains l'ascendant le plus justifié par d'éclatants services dus à la persévérance d'une volonté que rien ne pouvait ébranler une fois sa décision prise. Loin de craindre la responsabilité, Pitt la recherchait au contraire, et il semblait tirer sa gloire des charges qu'il imposait à son pays. Après s'être longtemps opposé aux alliances continentales, qui drainaient à l'étranger l'or de l'Angleterre, il en avait pris son parti en voyant qu'elles profitaient à la cause anglaise. Avec cette ardeur et cette conviction qu'il mettait en toutes choses, il était devenu le soutien le plus fidèle de la guerre en Allemagne et de la défense du roi de Prusse.

Celui-ci, par le courage politique dont il avait fait preuve et l'énergie qu'il avait déployée dans les plus grands périls, s'était montré digne de son fier allié. Après des fluctuations sans nombre, après avoir semblé, à deux reprises, sur les bords de l'abîme, Frédéric s'était toujours relevé. Il n'en voyait pas moins ses finances obérées, son royaume écrasé par le poids de la guerre, et, comprenant qu'il ne pouvait pas gagner à la continuer, il ne demandait pas mieux (ses démarches le prouvent) que de faire la paix.

L'Autriche en était, au fond, moins désireuse. La guerre ne lui avait pas donné les résultats qu'elle en attendait, et Marie-Thérèse conservait, avec une obstination que rien ne pouvait abattre, le désir et l'espoir de reconquérir la Silésie.

La Russie, malgré ses victoires sur la Prusse, n'avait en somme pas retiré grand'chose des sacrifices qu'elle s'était imposés. La haine personnelle d'Élisabeth pour Frédéric l'empêchait, sinon de se prêter aux négociations, du moins de se réjouir d'une paix qui devait permettre à son ennemi de respirer et de reconstituer un royaume dans lequel, avec une clairvoyance incontestable, elle apercevait un adversaire dangereux pour la Russie.

Il y avait dans ces dispositions de Marie-Thérèse et d'Élisabeth une sérieuse difficulté pour la France. Toutefois, comme le déclarait notre ministre des Affaires étrangères[1], si le roi ne voulait mériter aucun juste reproche de la part de ses alliés, il ne voulait pas, en même temps, sacrifier les intérêts de sa couronne aux idées ambitieuses et souvent chimériques des cours impériales. Aussi s'était-on décidé en toutes occasions à faire connaître

1. Instructions à M. de Bussy, 23 mai 1761. *Angleterre*, t. 443, fol. 118 et 119.

aux deux impératrices ce que Choiseul appelle avec une originale précision « la vérité de la chose. » On tâchait de les ramener à cette vérité, et, quand il n'était pas possible de les faire revenir de leurs préventions, on ne leur dissimulait pas « l'intérêt du roi et sa détermination sur les partis qu'il pourrait prendre. »

II.

L'intérêt du roi et du royaume était bien clair dans les circonstances présentes. Il fallait tâcher de faire la paix, puisque la guerre ne laissait plus d'espoir. Les premières ouvertures, faites sous les auspices de la Russie, ne furent pas décourageantes et, pour hâter les résultats, Choiseul décida l'envoi de M. de Bussy à Londres après s'être assuré auprès de Pitt que l'Angleterre enverrait de son côté un négociateur à Paris.

Cet échange de communications verbales devait, aux yeux du ministre français, écarter les malentendus qui « augmentent l'éloignement entre les adversaires au lieu de le dissiper. » Les circonstances ne permettaient pas à ceux qui dirigeaient la politique étrangère des deux pays de se trouver face à face pour terminer eux-mêmes le différend. Ils éprouvèrent le besoin de choisir, pour les suppléer dans cette délicate mission, des agents qui jouissaient de leur entière confiance. Ainsi peut s'expliquer la désignation par Pitt d'un juriste qui, d'après Bussy, n'avait « aucune teinture des affaires, » mais que le ministre anglais pensait devoir « soutenir avec opiniâtreté ses idées. »

Stanley n'était en effet jamais entré jusqu'alors dans la carrière politique. Il ne se chargeait de cette mission que parce qu'il pensait la France disposée sincèrement à la conciliation. S'il faut en croire le portrait qu'en trace Bussy, après l'avoir fréquenté quelques jours à Calais, c'était un homme « de beaucoup d'esprit et de connaissances. » Il aimait la douceur de la société française (comme il le prouva en faisant à Mme Geoffrin sa première visite à Paris), « mais sans dépouiller la fierté de sa nation. » Son caractère naturellement ombrageux et inquiet ne pouvait que le devenir plus encore dans l'apprentissage qu'il allait faire des négociations diplomatiques, où il devait s'attacher aux formes jusqu'à la minutie.

Les débuts de sa mission se ressentirent de sa tournure d'esprit. Des circonstances indépendantes de la volonté de Bussy et le mauvais temps l'avaient empêché de se trouver à Calais au jour qu'il avait primitivement fixé. Ce retard, que Pitt lui-même devait qualifier de « bagatelle » quand il en eut l'explication, prit aux yeux du commissaire anglais des proportions considérables, puisque, dans sa première lettre à Choiseul, il écrivait : « Le retardement de M. de Bussy m'a causé un chagrin très violent. » Choiseul fut plutôt amusé de cette sensibilité excessive, mais il ne pouvait s'empêcher d'ajouter, en la communiquant à Bussy, que ce début « de délicatesse minutieuse » lui faisait redouter des embarras et des lenteurs singulières dans la marche des négociations.

L'agent français devait, avec une fermeté tout aussi réelle, se montrer moins tatillon et de relations moins pénibles. S'il faut en croire une lettre de Newcastle[1], Bussy, dans un premier séjour à Londres, avait été salarié par le gouvernement anglais. Était-ce une des raisons pour lesquelles on le voyait revenir volontiers? La chose est possible. Mais, si l'on avait espéré trouver en lui une certaine défaillance dans sa lutte en faveur des intérêts français, la désillusion dut être grande. Très au courant des questions qu'il allait traiter en Angleterre, Bussy, qui travaillait avec Choiseul aux Affaires étrangères, était parfaitement instruit de la pensée de son chef. Avec beaucoup de méthode et de clarté dans l'esprit, il avait la justesse du coup d'œil et la riposte prompte. Ces qualités devaient se manifester dans ses entretiens avec Pitt. Sans se laisser démonter par des déclarations que celui-ci faisait volontiers pessimistes, Bussy savait résister avec une bonne éducation parfaite, mais une énergie non moins grande, aux prétentions d'un adversaire hautain et servi par les événements.

La situation prédominante de l'Angleterre suffit à expliquer l'importance bien plus considérable des négociations entamées dans ce pays. Aussi ne suivrons-nous pas le duc de Choiseul dans ses pourparlers et ses difficultés avec Stanley. Nous en retrouverons parfois l'écho dans les instructions ou les lettres qu'il adressait à Bussy, mais c'est à Londres que nous verrons surtout les effets de sa politique et la façon dont il comprenait son rôle.

1. Waddington, *op. cit.*, p. 101.

III.

Dans le mémoire qu'il remettait à son agent le 23 mai 1761, Choiseul avait soin de l'avertir de la situation générale et de lui tracer très nettement la conduite qu'il devait tenir.

Avant l'idée de négociations particulières, Louis XV avait d'abord songé, pour mettre fin aux hostilités, à un double congrès qui se serait tenu à Londres et à Paris. La cour de Vienne avait craint dans cette combinaison une place trop effacée. Elle tenait, pour conserver son prestige impérial, à ne pas abdiquer, au moins en apparence, le principal rôle dans la pacification en Allemagne. Pour faire droit à ce désir, la cour de Versailles s'était décidée à la combinaison du congrès à Augsbourg et des pourparlers à Londres. Ce que Choiseul désirait avant tout, c'était de parvenir avec le cabinet anglais à une paix raisonnable. Aussi, comme il le déclarait en termes expressifs et énergiques, n'était-il pas curieux de savoir les projets des deux impératrices, bien persuadé que, *si l'accommodement se faisait avec l'Angleterre, toute cette dispute allemande serait bientôt finie*[1].

Mais il ne fallait pas, d'autre part, cesser de témoigner à nos alliés la confiance qui leur était due. La Russie, notamment, méritait en Angleterre un traitement de faveur, puisque c'était par elle qu'avaient été posés les premiers jalons d'un rapprochement entre Londres et Versailles. Le prince Galitsin avait, en effet, par ses relations avec les ministres anglais, facilité les échanges de vues nécessaires. Choiseul lui en témoigna sa reconnaissance dans des lettres pleines d'égard, et Bussy devait continuer ces relations cordiales en lui communiquant « les objets concluants qu'il traiterait à Londres. »

Il était aussi nécessaire de demeurer en excellents termes avec l'ambassadeur d'Espagne. Les relations de famille qui existaient entre les deux cours en faisaient déjà par elles-mêmes une obligation. Les rapports devaient être d'autant meilleurs que dès cette époque des pourparlers étaient engagés entre la France et l'Espagne pour une union plus intime et plus efficace encore que celles des liens du sang royal. Choiseul en prévint Bussy, mais en l'avertissant toutefois qu'on n'écouterait l'Espagne et ses idées

1. Choiseul à Bussy, 19 juin 1761. *Angleterre*, t. 443, fol. 226.

belliqueuses que si l'on perdait l'espoir de faire la paix. Choiseul, en effet, ne voulait trouver dans cette alliance comme dans les autres qu'un élément nouveau de profit et de puissance pour notre pays, mais il n'entendait pas lui subordonner nos intérêts et nos besoins.

« Apporter pour le succès de la paix tous les moyens de conciliation qui seraient conformes à la justice et à la dignité du roi, sans se laisser amuser par une négociation vague, » telle était l'œuvre confiée à Bussy, qui était autorisé à conclure la paix maritime quand l'Angleterre le voudrait. Mais les difficultés se dressaient à chaque pas, et dès le début se posa la question de l' « uti possidetis » et des époques qui devaient servir de base à cet « uti possidetis. »

Choiseul avait offert le 1er mai 1761 en Europe, le 1er juillet en Amérique et en Afrique, le 1er septembre aux Indes. Comme il le disait avec beaucoup de justesse, il était certain que les conquêtes réciproques ne pouvaient être fixées qu'au jour de la signature de la paix, mais on avait toujours la possibilité de prendre comme point de départ des pourparlers la situation où les parties belligérantes se trouvaient à tel ou tel moment de la guerre. Le cabinet anglais, ou plutôt Pitt, car il était à lui tout seul maître de ses résolutions, souleva des objections à ce propos. Stanley déclara de sa part à Choiseul que sa cour acceptait l' « uti possidetis, » mais qu'elle entendait négocier pour les époques.

La véritable raison de cette chicane était l'expédition que l'Angleterre avait entreprise contre Belle-Isle. Suivant le mot heureux d'un contemporain, il n'était guère séant de casser les vitres de la maison que l'on s'efforçait de réparer. C'est cependant ce que faisait Pitt en entamant les hostilités contre une possession française, alors que les premières ouvertures de paix avaient été faites et acceptées. Choiseul ne pouvait pas laisser passer sans protestation un tel procédé, et le ministre anglais, sentant malgré tout la situation délicate où il s'était mis, déclara que cette expédition avait été décidée avant le mémoire du 26 mars et qu'il n'avait pas été possible de la supprimer à cause des subsides votés pour la poursuite de la guerre. En attendant que Belle-Isle fût tombée en son pouvoir, il traînait sur la question des époques et prétendait que le mémoire du 26 mars 1761 en donnait le choix au roi d'Angleterre et lui laissait dans l'intervalle la liberté de faire la guerre partout où il le voudrait.

Pour mettre fin à une controverse qui durait trop au détriment de nos intérêts et de nos droits, Choiseul adressa à Bussy, le 19 juin 1761, une dépêche qui mérite d'attirer l'attention. « L'objet de la négociation, disait-il, est que, quelles que soient les conditions de la paix, elles soient si claires, si précises et si bien entendues des deux parts que jamais on ne puisse argumenter du traité de paix future que pour faire connaître l'injustice palpable de la partie qui ne suivrait pas ses engagements. »

Après ce préambule si net, le ministre mettait les choses au point en continuant ainsi :

Il est question de savoir actuellement si la cour d'Angleterre accepte les époques de mai, juillet et septembre proposées par le mémoire du 26 mars ou si elle les refuse. Si elle les accepte, il ne reste plus qu'à constater par les articles l'*uti possidetis* et la paix est faite. Si elle les refuse, qu'elle en propose d'autres. Si les nouvelles époques proposées conviennent au roi, il les acceptera, et l'*uti possidetis* persistera avec les époques nouvelles de l'Angleterre. Si elles ne conviennent pas, il les rejettera avec la même liberté que l'Angleterre aura rejeté les siennes, et alors la proposition de l'*uti possidetis* n'existe plus.

Il était difficile de se montrer plus catégorique et plus précis, et pareil langage autorisait largement Choiseul à penser que son raisonnement clair et aussi conforme à la justice qu'à la saine logique pouvait être soumis au jugement des raisonneurs les plus exacts de l'Europe.

Pitt avait compris que la situation ne pouvait pas se prolonger ainsi. Avant même d'être mis en demeure de la sorte, il s'était décidé à sortir de son silence. La chose lui était d'autant plus aisée maintenant que le 13 juin 1761 Belle-Isle avait succombé. Aussi déclara-t-il à Bussy que les époques offertes par l'Angleterre étaient le 1er juillet en Europe, le 1er septembre en Amérique et le 1er novembre dans les Indes, à la condition, toutefois, que tout se fît pour la négociation particulière indépendamment de la paix d'Augsbourg et que le traité de paix fût conclu avant le 1er août 1761.

Cette date du 1er juillet en Europe impliquait pour l'Angleterre l'idée de garder Belle-Isle ou tout au moins d'en faire un objet de compensation pour d'autres restitutions possibles. C'était la preuve la plus évidente du peu de bonne foi de sa conduite en cette affaire. Le terme du 1er août comme conclusion de la paix était aussi singulièrement rapproché. Bussy en fit la remarque à Pitt. Mais il lui fut répondu que « la cour d'Angleterre ne pouvait fixer un terme plus éloigné, parce qu'il fallait qu'au mois d'août au plus tard on pourvût, non pas aux préparatifs de cette campagne, qui étaient tout arrangés, mais à ceux de toute espèce pour la campagne prochaine, si on se trouvait dans la nécessité de la faire[1]. »

Dans ce même entretien, l'envoyé français avait entendu un autre son de cloche désagréable. Suivant l'ordre de Choiseul, Bussy avait dit à Pitt qu'il pensait bien comprendre, dans la restitution des prises, celle des vaisseaux enlevés avant la déclaration de guerre. « Il n'en est pas question, » reprit le ministre anglais avec vivacité, « ils ont été pris par représailles ; par conséquent, ils sont de bonne prise. » Bussy lui demandant de quelles représailles il voulait parler : « En représailles de vos invasions sur le territoire de l'Amérique. » Bussy lui riposta qu'il ne comprenait pas l'application du terme d'invasion à la conduite de la France et qu'il était au moins en droit de lui rétorquer l'argument. « Je sens bien, » déclara alors le ministre anglais, « que nous ne nous accorderons jamais sur la justice ou l'injustice de la guerre. La France et l'Angleterre ont été en différend sur la question de l'agression, mais, comme il n'y a pas de jugement pour le décider, le canon l'a décidé en notre faveur, et nous regardons cette décision comme une sentence. »

Choiseul, dès qu'il fut mis au courant de cet entretien, approuva pleinement les réserves faites par Bussy. En lui recommandant de ne pas souffrir le moindre propos avantageux du ministère britannique, il lui ordonnait, de la part de Louis XV, de ramener cette conversation et de dire à Pitt que le canon jugeait quelquefois le procès des souverains, mais que le jugement n'était porté que lorsque le dernier coup de canon était tiré. « Comme S. M. ne pense pas qu'il le soit, » ajoutait-il en terminant, « le jugement n'est pas fait, et l'on ne peut en argumenter. »

Un autre point aussi délicat soulevait de grandes difficultés. C'était la question de savoir si les conquêtes faites en Allemagne sur l'électeur de Hanovre et sur ses alliés pourraient servir de compensations. Le gouvernement français se flattait que la chose

1. Bussy à Choiseul, 19 juin 1761.

fût toute naturelle, et il en donnait, il faut bien l'avouer, des raisons spécieuses. D'après lui, l'État de Hanovre et ceux de ses alliés devaient être regardés comme provinces d'Angleterre parce que le roi d'Angleterre, en sa qualité de roi, avait fait rompre de son autorité la capitulation de Closterseven. L'armée commandée par le prince Ferdinand en Allemagne était la sienne, elle n'agissait que par ses ordres et pour le compte de l'Angleterre.

Pitt protesta énergiquement lorsqu'il s'agit de comprendre ces États dans l' « uti possidetis. » Il ne dissimula pas à Bussy que, du temps de Georges II, cela eût fait une grande impression. Il n'en était plus de même avec son successeur, qui, lui, n'était pas né dans le Hanovre et qui, franchement anglais, n'avait pas le même attachement passionné que son grand-père au berceau de sa famille. D'ailleurs, d'après Pitt, il était difficile à la France de se maintenir dans ce pays parce que les constitutions d'Allemagne s'y opposaient. « L'empire même, disait-il, sera contre vous, si vous entreprenez d'y rester, et tout l'effet que vous en retirerez sera d'avoir dépensé des sommes immenses, perdu une quantité considérable d'hommes et d'avoir contribué à rendre la maison d'Autriche plus considérable en Allemagne[1]. » Lord Bute fit entendre à Bussy les mêmes avertissements que son collègue en l'assurant qu'on se trompait *grièvement* si l'on pensait en France que les succès de nos armes en Hanovre influeraient sur le parti à prendre par Georges III et le feraient désister de telle ou de telle conquête sur mer.

Choiseul ne voulut pas se laisser convaincre aussi facilement et s'efforça de maintenir les droits que nous avions ou que nous pourrions avoir par le sort de la guerre. « Vainement, disait-il à Bussy[2], vous répétera-t-on que l'empire, l'empereur et la maison d'Autriche ne souffriront pas que la France reste en possession des pays allemands qu'elle a conquis. » Non content de cette objection faite aux affirmations tendancieuses de Pitt, il ajoutait fièrement : « Il serait injuste et insoutenable que les nations ennemies pussent conquérir sur la France et que la France ne pût pas conquérir sur elles. C'est le droit des gens le plus commun. »

Noble et viril langage qui convient à un ministre conscient des

1. Bussy à Choiseul, 11 juin 1761.
2. Choiseul à Bussy, 19 juin 1761.

intérêts de son pays aussi bien que de sa dignité personnelle. Tous ceux qui sont chargés de nos relations extérieures devraient le reprendre et se l'approprier, surtout quand il s'agit de s'opposer aux prétentions de l'insatiable Angleterre.

IV.

Malheureusement pour nous, la toute-puissance de Pitt dans son pays et les ressources dont il disposait rendaient la tâche difficile au duc de Choiseul.

Sans doute, ainsi que Pitt le déclarait lui-même à Bussy, la dette et les dépenses de l'Angleterre étaient excessives, et l'on pouvait désirer la paix pour essayer de les diminuer. Mais, s'il fallait continuer la guerre, le gouvernement était assuré de trouver tout l'argent nécessaire à ce sujet. Il avait le fonds d'amortissement, dont les ressources considérables lui permettaient de prendre patience. Une taxe lui avait procuré les sommes indispensables à la campagne de 1761, et Bussy convenait que, malgré les banqueroutes de quelques importantes maisons de commerce et toutes celles qui arrivaient journellement aux petits négociants, Pitt, selon toute apparence, obtiendrait ce qu'il voudrait parce qu'il restait beaucoup de bonnes maisons commerçantes et que le paiement de l'intérêt garanti par le Parlement se faisait d'une façon sûre et régulière.

Bien des gens criaient, il est vrai, contre la dureté du ministre, mais tous s'accordaient à dire que l'Angleterre était avilie avant lui et que, depuis son entrée aux affaires, elle avait joué un rôle considérable dans le monde. Aussi n'y avait-il plus dans ce pays de parti d'opposition. Ceux qui pouvaient en être les chefs faisaient partie du conseil, et Pitt dominait sur tous les esprits comme il régnait sur bien des cœurs.

Son collègue, le comte de Bute, favori écossais à peine connu de la nation, avait toute la confiance du roi. C'était, d'après Bussy, un jeune homme de la plus grande espérance, mais qui était loin d'avoir la même expérience des affaires que Pitt. Malgré leurs divergences de vues, la tendance à la conciliation du premier, les prétentions intransigeantes du second, les deux ministres s'appuyaient encore l'un sur l'autre et leur union donnait aux décisions du conseil la double autorité du crédit populaire et du crédit royal.

Le duc de Newcastle avait pour lui l'ancienneté de ses services et l'éclat de sa naissance. De mœurs élégantes et polies, il avait l'esprit orné et apportait dans ses relations la tenue et la distinction naturelle à son monde. C'est avec les témoignages d'une véritable joie qu'il avait reçu Bussy, chargé de mettre fin aux hostilités des deux pays, et c'est avec toute la grâce d'un courtisan qu'il s'était informé des nouvelles de Mme de Pompadour, à qui il envoyait autrefois des ananas de ses jardins. Ses vues et ses sentiments, très différents de ceux de Pitt, le rapprochaient plutôt de lord Bute, mais il n'en subissait pas moins, lui aussi, l'ascendant de leur terrible collègue.

De ces trois hommes, en effet, sur qui reposait alors le poids des affaires anglaises, William Pitt était le seul dont l'influence fût incontestée. Le portrait que trace Bussy du redoutable adversaire de Choiseul le fait admirablement connaître et vaut la peine d'être reproduit tout entier.

Ce ministre, disait-il dans une de ses lettres[1], est, comme vous le savez, l'idole du peuple, qui le regarde comme le seul auteur de ses succès et qui n'a pas la même confiance dans les autres membres du conseil. La cour et ses partisans sont obligés d'avoir les plus grands égards pour les fantaisies d'un peuple fougueux qu'il est très dangereux de contrarier jusqu'à un certain point. M. Pitt joint à la réputation de la supériorité d'esprit et de talents celle de la probité la plus exacte et du plus singulier désintéressement. Il en a donné des preuves non équivoques dans toutes les places qu'il a occupées. Il n'est pas riche et ne se donne aucun mouvement pour l'être. Simple dans ses mœurs et dans sa représentation, il ne recherche ni le faste ni l'ostentation. Il ne fait sa cour ni ne la reçoit de personne. Grands et petits, si l'on n'a point à l'entretenir d'affaires, on n'est point admis à le voir chez lui. Il est très éloquent, il a de la sûreté et de la méthode, mais captieux, entortillé et possédant toute la chicane d'un habile procureur. Il est courageux jusqu'à la témérité. Il soutient ses idées avec feu et avec une opiniâtreté invincible, voulant subjuguer tout le monde par la tyrannie de ses opinions. *M. Pitt paraît n'avoir d'autre ambition que celle d'élever sa nation au plus haut point de la gloire et d'abaisser la France au plus bas degré de l'humiliation.*

Tel était l'homme avec lequel Choiseul devait poursuivre les

1. Bussy à Choiseul, 25 août 1761.

pourparlers si péniblement engagés. Il fallait, sans laisser croire à l'Angleterre qu'on désirait trop vivement la paix et sans souffrir de sa part des propos orgueilleux, faire les sacrifices nécessaires pour mener à bien les démarches commencées. Montrer des dispositions conciliantes, mais éviter ce que l'on pourrait taxer de faiblesse, voilà, en toute occasion, le grand art du négociateur. Les efforts de notre ministre et de son agent à Londres tendaient à y parvenir.

Pour bien témoigner ses sentiments à cet égard, Choiseul chargea Bussy, le 15 juillet 1761, de laisser au choix de la cour de Londres le renvoi au traité d'Augsbourg des préliminaires de paix ou la signature d'une convention particulière sur la base des propositions officielles qu'il adressait à Pitt le même jour.

V.

La France ne pouvait plus désormais conserver le moindre espoir en ce qui concernait le Canada. Comme on en faisait de bonne foi la cession à l'Angleterre, Choiseul laissait à Pitt le choix des termes qu'il exigerait pour en assurer la possession à son pays. — Pour la Louisiane, Bussy était autorisé à transiger et même à faire des sacrifices à la condition qu'il y aurait entre les limites, tant du Canada que des autres colonies anglaises, et celles de la Louisiane un terrain « neutre et sacrifié » qui ne puisse être, en aucun cas, occupé par les deux nations. Cette idée d'un État tampon, qui est devenue chère à nos contemporains, ne date pas de nos jours, on le voit.

Plus importante encore était aux yeux de Choiseul la question de Terre-Neuve, qui lui semblait, en cas de désaccord persistant, pouvoir devenir un motif de rupture. Le roi ne voulait absolument pas se départir du droit de pêche de la morue sur le banc de Terre-Neuve et dans le golfe de Saint-Laurent, non plus que de la possession d'un abri quelconque appartenant à la France pour les bâtiments pêcheurs français. On offrait d'ailleurs à l'Angleterre, afin de la rassurer sur les intentions pacifiques de notre pays, de n'élever aucune fortification sur le terrain cédé. Bussy pouvait même, après avoir résisté quelque temps, faire une autre concession qui devait coûter plus encore à l'amour-propre de la France. Je veux dire la résidence d'un commissaire anglais dans le port français pour veiller à l'exécution de notre promesse.

C'était l'île Royale (ou île du Cap-Breton) que Choiseul demandait en première ligne. « Après avoir soutenu la possession de l'île Royale pour la France comme aussi nécessaire qu'agréable, disait-il à Bussy, vous vous relâcherez en proposant aux mêmes conditions celle de Saint-Jean (aujourd'hui l'île du prince Édouard) et enfin l'île et le cap Canso, mais vous vous bornerez à ces trois alternatives. »

En Asie, le gouvernement français consentait à des sacrifices qu'il ne précisait pas, il est vrai, si les cessions que l'on y faisait devaient procurer des compensations dans les autres parties du monde. Il en était de même pour Cayenne et pour la Guyane, que l'on pensait pouvoir céder si l'on obtenait satisfaction sur les autres articles.

Nous ne parlons pas de Dunkerque dans notre mémoire, terminait Choiseul, cet article n'y est pas nécessaire. Je crois que, la cession du Canada faite, les compensations de l'Angleterre ne sont pas trop fortes vis-à-vis la restitution de Minorque et les évacuations des conquêtes des armées du roi en Allemagne. Je suis cependant persuadé que si tout était arrangé comme je viens de vous l'expliquer, la démolition de Dunkerque, ou, du moins, la stipulation qu'il restera dans l'état où il se trouve pourrait être accordée par S. M. Mais *c'est un moyen dernier et qu'il faut réserver pour la fin de la négociation soit en bien soit en mal.*

Choiseul, en faisant ces diverses propositions, savait déjà par Bussy et Stanley combien les dispositions de Pitt étaient peu favorables à nos demandes, mais il n'en croyait pas moins devoir les transmettre au cabinet de Londres pour mener jusqu'au bout la tâche de conciliation qu'il avait entreprise. Il ordonnait d'ailleurs à son agent de se borner à écouter ce que disait Pitt, sans discuter ses allégations, et de lui demander de vouloir bien répondre par écrit, afin que, sur sa réponse, la cour de France pût juger « du degré d'acquiescement qu'elle pouvait donner aux prétentions de l'Angleterre. »

Le ministre français se berçait de l'espoir, alors prématuré, que l'on pourrait déchaîner contre Pitt, s'il persistait dans ses sentiments intraitables, les dispositions populaires, et il pensait que lord Bute et le duc de Newcastle, malgré l'apparence de leur union avec Pitt, ne seraient peut-être pas fâchés de le perdre dans l'esprit du roi. Aussi donnait-il à Bussy l'ordre d'agir tout particulièrement auprès de ces deux ministres en leur faisant sentir combien nos propositions étaient avantageuses à l'Angleterre et en leur montrant tout le danger qu'il y aurait pour les deux nations à se trouver engagées de nouveau dans une guerre aux conséquences irréparables.

Ce qui faisait désirer par Choiseul une réponse écrite à ses propositions, c'était l'idée qu'il avait, en cas de rupture, de publier, au moment qui lui conviendrait, les pièces diplomatiques de ce débat. Il sentait l'importance prise, dès cette époque, dans les relations internationales, par l'opinion publique. Aussi avait-il formé le projet de la rendre favorable à la France en faisant connaître les intentions conciliantes de Louis XV à l'Europe tout entière. Il comptait, du même coup, l'intéresser à notre cause et l'éclairer sur les dangers que créait pour tous les peuples l'ambition démesurée de la cour de Londres.

Cela était d'autant plus important que Choiseul, après avoir espéré la fin de la guerre pour 1761, se demandait si l'on pouvait encore y croire. Il confiait à Bussy, *pour sa seule instruction,* que Louis XV était décidé à le rappeler dès qu'on aurait la conviction que Pitt ne changerait pas sa manière de voir, mais il l'engageait toutefois à ne pas hâter son retour. Il était nécessaire à ses yeux de gagner, en tous les cas, du temps pour suspendre les armements que l'Angleterre songeait à diriger contre le littoral français et pour approcher de la saison où ils ne seraient plus à craindre.

Voilà, disait le ministre, le motif qui m'a fait différer de quinze jours le mémoire que je vous adresse. Avant qu'il me revienne, nous serons au mois d'août, il faudra que j'y réponde, et je le ferai de façon à m'attirer une réplique qui nous conduira au mois de septembre, temps où les entreprises de siège sur nos côtes ne peuvent pas se tenter. C'est alors et vers l'ouverture du parlement que, si nous ne pouvons pas nous accommoder avec la cour de Londres, nous romprons avec éclat la négociation.

VI.

Les pourparlers avec l'Espagne, au sujet du pacte de famille, se poursuivaient alors activement, et Choiseul prévoyait le moment où les deux pays feraient cause commune. Il avait même été déjà convenu qu'en réciprocité de l'alliance espagnole, si nos propositions de paix n'étaient pas acceptées par le cabinet anglais, nous joindrions, dans les propositions nouvelles, les différends de l'Espagne avec l'Angleterre.

La cour de Madrid réclamait à celle de Londres la restitution de quelques prises faites, pendant la guerre franco-anglaise, sur le pavillon espagnol. Elle demandait aussi la destruction des établissements anglais formés, dans la baie de Honduras, sur un territoire qui appartenait à l'Espagne. Enfin elle aurait désiré obtenir la liberté de la pêche sur le banc de Terre-Neuve. Ces prétentions, légitimes ou non, risquaient d'amener un nouvel embrasement en Europe et en Amérique, et la France aurait eu bien de la peine à rester neutre dans une telle guerre. Aussi Choiseul pensait-il que, si l'Angleterre désirait, autant qu'elle l'annonçait, la conclusion d'une paix durable, elle devait entrer dans nos vues pour écarter tout ce qui pouvait risquer de la troubler. Dans le cas, au contraire, où les idées belliqueuses de Pitt prendraient décidément le dessus et où il faudrait renoncer à l'espoir de terminer dès lors les hostilités, Choiseul était d'avis qu'il ne fallait pas se priver du secours d'un allié tel que l'Espagne.

Mais il voulait, dans toute cette affaire, agir avec une grande prudence. Son opinion personnelle[1] était qu'il vaudrait mieux ne faire usage du mémoire particulier relatif aux prétentions espagnoles que lorsqu'on aurait la réponse de l'Angleterre aux propositions françaises pour la paix. Si le cabinet anglais acceptait nos offres, on serait toujours à temps pour songer aux intérêts espagnols et à même pour les servir. Si Pitt ne voulait faire aucune concession et si son attitude obligeait à une rupture des négociations, Choiseul jugeait inutile que le mémoire particulier fût remis trop tôt. Avec une clairvoyance très réelle de ce qui allait se passer, il craignait que cette démarche ne servît « de défaite à l'Angleterre et d'excuse à des refus insultants. » Il redoutait aussi de faire connaître trop vite au gouvernement de Georges III la possibilité d'une déclaration de guerre par l'Espagne.

Malheureusement il dut s'incliner devant la volonté royale, et son sentiment particulier céda au désir exprimé par Louis XV de communiquer le mémoire à Fuentès et de lui demander s'il préférait la jonction immédiate des réclamations ou leur remise sépa-

1. Choiseul à Bussy, 15 juillet 1761. *Angleterre*, t. 443, fol. 101.

rée. L'ambassadeur espagnol se prononça pour la première de ces mesures, et les deux mémoires furent transmis à Pitt par Bussy.

Ce que Choiseul avait prévu arriva. Pitt se cabra devant l'intervention de l'Espagne dans les pourparlers entre la France et l'Angleterre et, le 24 juillet 1761, il écrivit à Bussy un billet d'une sécheresse de ton qu'il faut reproduire, sans en rien retrancher, pour bien montrer le peu de liant que le ministre anglais mettait dans ses relations :

Je dois vous déclarer très nettement[1], au nom de S. M., qu'elle ne souffrira point que les disputes de l'Espagne soient mêlées en façon quelconque dans la négociation de la paix des deux couronnes. A quoi j'ai à ajouter qu'il sera regardé comme offensant pour la dignité du roi et non compatible avec la bonne foi de la négociation qu'on fasse mention de pareille idée. *En outre, on n'entend pas que la France ait, en aucun temps, droit de se mêler de pareilles discussions entre la Grande-Bretagne et l'Espagne.* Des considérations si légitimes et si indispensables ont déterminé le roi à m'ordonner de vous renvoyer le mémoire ci-joint touchant l'Espagne comme totalement inadmissible.

On comprend l'indignation de Bussy en recevant une communication aussi peu convenable de forme. Pitt avait incontestablement le droit de conserver la ligne de conduite qu'il s'était tracée en cette affaire et de ne pas admettre l'Espagne en tiers dans la conversation qu'il poursuivait avec nous. Mais exprimer son opinion en des termes pareils, c'était trop clairement laisser paraître combien peu il tenait à la paix.

En faisant connaître à Choiseul la note anglaise, Bussy lui disait que, s'il avait consulté seulement son zèle pour la dignité du roi, il aurait renvoyé sur-le-champ sa lettre à Pitt. C'eût été peut-être la rupture immédiate des pourparlers ; aussi s'était-il borné à ne pas accuser réception de cet écrit, et il demandait à son chef la conduite à tenir dans cette circonstance.

Choiseul riposta par une lettre à la fois spirituelle et digne qu'il fit signer par Bussy et remettre à Pitt comme si elle était de lui[2]. « S. M., disait-il en commençant, ne peut pas répondre des manques de forme et d'égards les plus communs

1. Pitt à Bussy, 24 juillet 1761. *Angleterre*, t. 444, fol. 54.
2. *Angleterre*, t. 444, fol. 106.

dans lesquels tombent ses ennemis, mais elle m'a chargé de déclarer à V. E. que, *tant que l'Espagne l'approuvera, le roi se mêlera des intérêts de cette couronne, sans s'arrêter au refus impérieux de la puissance qui s'y opposerait.* » Cette question de principe une fois posée, Choiseul déclarait que, sans trop s'arrêter aux formes quand il était question du bonheur de l'Europe, le roi de France oublierait « le ton impératif et peu fait pour les négociations dont se servait l'Angleterre et chercherait les moyens, tout en sauvegardant l'honneur de sa couronne, de ramener la cour de Londres à des sentiments pacifiques. »

C'était œuvre difficile, à coup sûr, en présence de la réponse faite par le cabinet anglais aux propositions du 15 juillet. L'Angleterre était satisfaite des termes employés par la France pour sa renonciation au Canada et de la garantie personnelle donnée par Louis XV. Donc, ce point se trouvait réglé sans conteste. Il n'en était pas de même pour les autres et notamment pour Terre-Neuve. Au lieu de consentir à la demande française, Pitt déclarait dans l'ultimatum remis par Stanley à Choiseul, le 29 juillet 1761, que « le roi Georges III ne se relâcherait pas de la cession de l'île du Cap-Breton et du droit de pêche. » L'Angleterre demandait le Sénégal et la Gorée. Elle réclamait aussi Minorque « dans l'état où elle était quand les Français s'en sont emparés, » la restitution et l'évacuation des conquêtes faites en Allemagne sur les alliés de l'Angleterre.

Non content de ces prétentions, Stanley refusait, au nom de son ministre, de restituer les prises faites sur mer avant la déclaration de guerre. Il voulait que la France évacuât, sans aucun délai, les places d'Ostende et de Nieuport où l'Autriche nous avait concédé le droit de tenir garnison pendant la guerre. Enfin (et cette clause seule avait quelque chose d'assez bizarre pour que l'on pût se demander si Pitt ne voulait pas se procurer une occasion de rompre), la Grande-Bretagne et la France, après leur paix particulière, conservaient leur droit de soutenir en qualité d'auxiliaires leurs alliés respectifs « dans la querelle particulière pour le recouvrement de la Silésie. »

En face de toutes ces exigences et comme seule compensation de tels sacrifices, l'Angleterre *consentait* à rendre ce que Pitt appelait avec une ironique emphase « l'importante conquête de Belle-Isle, » « l'île opulente » de la Guadeloupe et Marie-Galande. Faible dédommagement, on le voit, pour tout ce qu'il nous prenait en échange, surtout si l'on n'oublie pas qu'il déclarait ne pas pouvoir accepter la paix à moins que Dunkerque ne fût réduit aux termes du traité d'Utrecht[1].

En même temps qu'il faisait transmettre ces propositions à Choiseul, le ministre anglais répondait à l'ambassadeur espagnol ce qu'il avait dit à Bussy et lui assurait que l'Angleterre ne céderait jamais en ce qui concernait le droit de pêche pour l'Espagne sur le banc de Terre-Neuve. « On lui donnerait plutôt la tour de Londres[2]. »

VII.

Pitt se rendait assez clairement compte de la situation pour ne pas se bercer de l'espoir que Choiseul consentirait à capituler sur tant de points. Aussi commençait-il à ne plus compter sur les négociations et semblait-il se disposer à continuer la guerre. Il prenait, en tout cas, ses précautions pour ne pas être prévenu par les événements.

L'Angleterre était dans une situation très grave, et ses embarras se multipliaient chaque jour. L'intervention possible de l'Espagne, qui stimulait encore l'ardeur de Pitt, effrayait au contraire une grande partie de la nation, que l'idée de voir prolonger les hostilités ne séduisait nullement. Plusieurs ministres se demandaient avec effroi si leur pays pourrait résister aux coups d'un nouvel adversaire maritime alors qu'il avait déjà fallu de tels sacrifices pour lutter contre la France. La dette se montait à 125,000,000 de livres sterlings et devait augmenter encore si l'on recommençait la campagne. La prise de Pondichéry, que l'on apprenait au mois de juillet, faisait une médiocre sensation, tandis que le bruit d'une déclaration de guerre possible par l'Espagne faisait baisser les fonds publics de 2 % et que les difficultés relatives aux négociations avec la France amenaient une nouvelle baisse et laissaient la rente à 80 francs[3].

Pitt n'en songeait pas moins à la lutte et demeurait inaccessible à toute crainte comme à tout sentiment de faiblesse. Il envoyait de nouveaux vaisseaux en Amérique et, par une habileté des plus heureuses, il mettait quelques ministres étrangers

1. *Angleterre*, t. 444, fol. 89 et suiv.
2. *Angleterre*, t. 444, fol. 99.
3. Bussy à Choiseul, 17 juillet 1761.

au courant de ses affaires, avec l'idée que le bruit en reviendrait aux oreilles françaises et pourrait peut-être influer sur nos déterminations. Ces navires constitueraient une « escadre d'observation » sans objet fixe, mais qui attaquerait les Français ou les Espagnols suivant les circonstances. Pitt informait encore ces mêmes agents de l'envoi à la France d'un ultimatum et du retour probable de Stanley si la réponse n'était pas favorable.

La tactique de Pitt devenait surtout évidente dans ses rapports avec l'ambassadeur russe à Londres. Les ministres instruisirent le prince de Galitsin de leur décision sur le mémoire des propositions françaises et même sur celui des réclamations espagnoles. L'extrême confiance que le cabinet anglais témoignait au représentant de la Russie avait pour objet de le détourner de ses sympathies françaises bien souvent manifestées, notamment par la peine qu'il s'était donnée pour préparer l'installation de Bussy en Angleterre. Elle risquait d'autant plus de produire ses effets que Choiseul, ne sachant pas le parti auquel s'arrêterait Fuentès pour la remise du mémoire particulier relatif à l'Espagne, avait engagé Bussy à ne pas en parler au prince de Galitsin. Celui-ci, en apprenant la chose par une voie autre que celle de la France, éprouva un moment de pénible surprise qu'il ne put s'empêcher d'exprimer à l'envoyé français. Notre agent en avertit son chef[1], mais, par une coïncidence qui prouve combien Choiseul, dans toutes ces négociations, avait l'esprit en éveil, la lettre de Bussy se croisa avec l'ordre venu de Choisy[2] de communiquer « confidemment » le mémoire à l'ambassadeur de Russie après en avoir prévenu Fuentès.

Cette intimité se retrouvait plus grande encore dans nos rapports avec l'Autriche. Choiseul, en effet, n'hésitait pas à livrer au comte de Stahremberg la réponse de l'Angleterre à nos propositions, une copie de la lettre que Bussy devait remettre à Pitt et le mémoire transmis par ordre de Louis XV à M. de Grimaldi pour savoir ce que ferait l'Espagne en présence de l'attitude anglaise. Il était difficile de se montrer moins réservé et le ministre avait raison de faire remarquer au représentant de Marie-Thérèse que « le roi ne pouvait pas pousser plus loin la confiance avec laquelle il faisait part à l'impératrice-reine de

1. Bussy à Choiseul, 7 août 1761.
2. Choiseul à Bussy, 5 août 1761.

toutes les circonstances des négociations poursuivies avec l'Angleterre. »

La situation nécessitait, il est vrai, l'entente la plus complète avec nos alliés. La France ne pouvait pas, sans résister encore, se soumettre aux prétentions anglaises.

Dans l'ultimatum que Choiseul adressait, le 5 août 1761, en réponse à celui de Pitt, il maintenait pour notre pays le droit de pêche dans le golfe de Saint-Laurent, celui de sécherie sur les côtes de Terre-Neuve et la souveraineté d'un port dans ces parages. Il déclarait même à Bussy que c'étaient là des conditions « sine qua non. »

Belle-Isle semblait lui tenir moins à cœur. On ne voit pas trop bien pourquoi, car cette possession entre les mains de l'Angleterre, à qui elle eût servi de point d'appui, aurait singulièrement gêné la liberté de nos marins. Minorque, beaucoup plus éloignée de notre littoral, et qui serait restée entre nos mains si Belle-Isle était demeurée anglaise, ne nous aurait peut-être pas suffisamment dédommagés de cet incommode voisinage.

En échange de la Guadeloupe et de Marie-Galande, qu'on lui restituait, la France consentait à évacuer les pays appartenant au landgrave de Hesse, au duc de Brunswick et à l'électeur de Hanovre. Pour témoigner ses dispositions conciliantes, Louis XV voulait, en outre, bien déclarer que son intention n'était pas de garder Ostende et Nieuport après la paix. Il prenait la peine de faire constater, comme preuve de sa bonne foi, que l'impératrice-reine jouissait toujours de la souveraineté sur ces villes et que le roi avait simplement prêté des troupes à son alliée pour la garde de ces deux places.

En ce qui concernait « le recouvrement de la Silésie, » tout ce que l'on pourrait négocier, affirmait notre ministre, serait la liberté pour les gouvernements français et anglais de fournir des subsides à leurs alliés, mais quand on aurait constaté qu'il ne serait permis à aucune puissance de leur donner des secours en troupes ou en munitions de guerre. C'est que Choiseul trouvait inutile et dangereuse pour la France la latitude qu'on lui laissait d'envoyer des armées en Silésie.

Restait enfin la question de Dunkerque. « On conviendra sans doute, et *bien malgré moi*, disait-il à Bussy, de l'état de la ville de Dunkerque selon le traité d'Utrecht, mais ce ne sera qu'autant que le premier article relatif au golfe Saint-Laurent sera arrêté selon les intentions du roi[1]. »

Les négociations paraissaient, dès ce moment, ne pas devoir donner de résultat. On se trouvait, en effet, en présence d'une opposition absolue et qui semblait irréductible sur la question de Terre-Neuve. Choiseul se croyait donc obligé de prévoir le cas où son agent quitterait Londres.

Je dois vous prévenir, lui confiait-il dans cette même lettre du 5 août, que nous sommes déterminés à continuer la guerre longtemps et avec la plus grande vivacité, si l'Angleterre n'accepte pas en entier notre ultimatum dans lequel nous avons poussé le désir de la paix aussi loin que possible. La matière est actuellement si fort entendue qu'elle ne demande plus qu'un oui ou qu'un non, et je vous avoue que je serais fort embarrassé de décider lequel des deux est le plus désirable pour la France.

En présence des obstacles suscités par le cabinet anglais, Choiseul pouvait se poser la question, et l'espoir qu'il mettait alors dans l'union avec l'Espagne, l'autorisait plus encore à hésiter sur la réponse.

En tous cas, il importait de connaître (et Louis XV en était impatient) les intentions de Charles III. Aussi Choiseul reçut-il du roi l'ordre de remettre au marquis de Grimaldi un mémoire qu'il ferait parvenir à la cour d'Espagne. L'insulte éprouvée à Londres réclamait un acte de ressentiment de la part de S. M. catholique. La cour de France, en joignant aux siennes les prétentions espagnoles, avait proclamé l'intimité qui existait entre les deux pays ; l'Europe aurait pu, si Charles III ne l'avait pas affirmée à son tour, taxer la démarche du ministre français de légèreté et même de duplicité. C'eût été un triomphe pour l'Angleterre et un camouflet pour la France de nature à laisser planer le doute sur l'union des deux cours.

La façon d'agir de Pitt à Madrid rendait plus nécessaire encore une réponse de l'Espagne. L'ambassadeur d'Angleterre avait en effet reçu l'ordre de faire des remontrances à la cour espagnole sur la remise du « mémoire particulier. » Charles III ne voulut pas supporter de tels procédés et déclara que la démarche de

1. Choiseul à Bussy. Lettre particulière, 5 août 1761.

Bussy à Londres avait été faite « de son entier assentiment, avec son approbation et à sa satisfaction[1]. » L'objet qu'il se proposait, en agissant ainsi, n'était pas d'offenser la dignité anglaise ni d'éloigner les chances de la paix, mais de la rendre plus solide. S'il en résultait un effet contraire, c'est, disait-il, « parce que la plupart des actions sont regardées sous des points de vue différents. »

A part cette concession aux tendances pacifiques, la note espagnole était rédigée (il faut en convenir) tout à fait dans le ton des communications anglaises, puisqu'elle se terminait ainsi : « *Les deux monarques* (français et espagnol) qui n'ont que de bonnes intentions *ne passeront pas à l'Angleterre le droit sans exemple qu'elle veut s'arroger d'empêcher l'un de se mêler des affaires de l'autre* parce qu'ils sont voisins ou parce que leur union, leur amitié et leur parenté l'exigent. »

Le caractère énergique et fier du roi Charles III se trouvait, en effet, blessé de la conduite de Pitt dans toute cette affaire et n'en cédait que plus volontiers aux inspirations belliqueuses qu'il recevait de son ambassadeur à Londres, le comte de Fuentès. On est même autorisé à se demander si cet incident du « mémoire particulier relatif aux affaires espagnoles » remis au ministre anglais par Bussy ne hâta pas la conclusion du pacte de famille signé le 15 août 1761.

VIII.

Ce même jour où la France et l'Espagne unissaient leurs forces militaires contre la puissance anglaise, Pitt annonçait à Bussy qu'après avoir pris connaissance des dernières offres de Choiseul, Georges III craignait que « l'heureux moment de mettre fin à tant de maux » ne fût pas encore venu. Il comprenait cependant le danger de paraître l'auteur d'une rupture et s'efforçait, si elle devait avoir lieu, d'en rejeter la responsabilité sur la France. D'après le ministre, ce n'était pas pour prendre un ton impératif que le cabinet de Londres avait toujours cherché à parler clair, mais pour abréger les longueurs et éviter les malentendus. D'ailleurs, bien loin d'abuser de ses « prospérités, » il n'avait même pas, s'il fallait en croire Pitt, usé de tous ses droits.

1. *Angleterre*, t. 444, fol. 312.

Étrange affirmation dans la bouche d'un partenaire aussi exigeant et qui n'était pas faite pour rassurer l'envoyé de la France.

Le 17 août 1761, Bussy eut un autre entretien avec le ministre anglais. Les mêmes allégations qu'auparavant furent avancées par les deux négociateurs, mais sans aucun résultat pratique. On sentait toutefois qu'il fallait en finir d'une manière ou d'une autre. Le nouveau parlement devait se réunir en Angleterre deux mois plus tard, et Pitt désirait savoir si le cabinet lui présenterait une décision sur la paix ou sur la continuation de la guerre. Aussi les événements allaient-ils se hâter désormais. Cinq conseils des ministres se tinrent à Londres du 19 au 26 août 1761. On a prétendu que la rigueur de Pitt y fut fortement attaquée et qu'il y eut dans les délibérations un parti considérable pour la paix. La chose est assurément possible, car le secrétaire d'état avait peu d'amis, mais il ne se trouvait encore, à cette date, personne d'assez fort ou d'assez hardi pour entreprendre de le renverser.

Avant la dernière de ces séances, d'où devait sortir la continuation des hostilités, Pitt fit prier Bussy de venir le voir pour lui parler en toute franchise. « Nous sommes tellement éloignés les uns des autres sur les points principaux de la négociation, lui déclara-t-il[1], que nous ne croyons pas l'heureux moment de la paix arrivé. La propriété de la rivière Ohio a fait le sujet de la guerre, et si le ministre anglais abandonnait cet objet, il s'exposerait aux plus grands dangers de la part de la nation. » Comme Bussy allait répliquer, Pitt ne lui en donna pas le temps et il lui laissa comprendre que la cour britannique voulait se rendre maîtresse de toutes les terres et rivières jusqu'au Mississipi et que ce fleuve devait être notre barrière pour le continent de l'Amérique septentrionale comme le Rhin l'était pour l'Allemagne.

Il existait aux yeux de Pitt une autre difficulté qui ferait un « empêchement dirimant » si nous persévérions à la soutenir. C'était la part que nous voulions prendre aux différends de l'Angleterre avec l'Espagne. « A ce propos, dit-il à Bussy, on s'était écrit des choses qui n'étaient pas fort douces. Le duc de Choiseul avait menacé l'Angleterre très habilement et très honnêtement de continuer la guerre si la cour britannique ne satisfaisait pas celle de Madrid sur ses demandes. Il n'y avait que MM. les

1. Bussy à Choiseul. *Angleterre*, t. 444, fol. 248 et suiv.

Français capables de blesser poliment, et, s'il lui avait été permis de s'expliquer en anglais, il aurait tâché d'imiter un pareil style, mais il ne savait pas assez bien le français pour y mettre des tours élégants. »

On eût dit que, comptant maintenant sur la rupture, le ministre anglais voulait racheter par la politesse de forme toute la raideur qu'il avait mise dans ses conversations et ses démarches antérieures. Quel que fût d'ailleurs le tour élégant et surtout nouveau du négociateur, malgré certaines concessions jusque-là refusées, l'accord était loin d'être parfait entre les deux pays, si l'on en juge par le mémoire que Pitt chargea Stanley de remettre à Choiseul le 1er septembre 1761 et par la réponse de Choiseul le 9 du même mois.

Les pourparlers avaient fait un grand pas en ce qui concernait Terre-Neuve. Le droit de pêche était accordé par le cabinet anglais en échange des fortifications de Dunkerque. Dans le golfe Saint-Laurent, nos marins auraient aussi la liberté de pêcher, sauf sur les côtes appartenant à l'Angleterre. De plus, Georges III cédait à Louis XV l'île Saint-Pierre avec son port. Il restait toutefois entendu que la France n'y élèverait pas de fortifications et qu'elle n'y aurait pas de troupes ou d'établissements militaires. Un commissaire anglais devait y résider et le commandant de l'escadre britannique aurait le droit de visiter de temps en temps l'île et le port pour veiller à l'observation des promesses faites. Il était en outre bien spécifié que l'île de Saint-Pierre servirait aux seuls bâtiments pêcheurs de la France, à l'exclusion de ceux des autres nations.

Si ce n'était encore tout ce que nous pouvions souhaiter, il y avait cependant un progrès dans la voie de la conciliation et de l'espérance. Choiseul, dans le mémoire qu'il fit remettre par Bussy, prenait acte des concessions anglaises. Il demandait à Pitt de donner à la France, plutôt que l'île Saint-Pierre, l'île de Canso qui, par sa situation entre l'Acadie et l'île Royale, lui paraissait mieux servir les intérêts de notre pays. Bussy devait ne pas insister sur ce point et accepter Saint-Pierre avec les conditions posées par l'Angleterre, mais il devait, en outre, réclamer Miquelon.

Deux points importants restaient encore comme sujet d'inquiétude. C'était la neutralité des peuplades entre les lacs et le Mississipi d'une part et la discussion relative aux prises antérieures à la guerre. La restitution de ces dernières semblait à Choiseul une question de moralité sur laquelle on ne pouvait céder. Il est incontestable que le procédé anglais de s'emparer, avant toute déclaration de guerre, de bâtiments qui naviguaient sur la foi des traités, était digne plutôt d'une nation de pirates que d'un peuple civilisé. Quant à « l'état tampon » en Amérique, il constituait, aux yeux du ministre français, une sécurité pour l'avenir et une garantie efficace pour le rétablissement définitif des bons rapports entre la France et l'Angleterre.

Malheureusement, cette idée de paix durable n'avait pas pris naissance dans le cerveau de Pitt. En dépit de ses protestations de « candeur, » de « bonne foi, » de « désir de repos pour l'humanité, » le maître tout-puissant de la politique anglaise n'avait toujours vu dans ces pourparlers qu'une trêve possible à des hostilités qui lui semblaient toutes naturelles entre nos deux pays.

IX.

Choiseul, au moment où il en était arrivé, ne se berçait plus de l'espoir de désarmer son adversaire et confiait ses sentiments à Bussy. Toutes les concessions qui lui coûtaient si fort, celle de Dunkerque surtout, il les avait faites parce qu'il avait vu dans la totalité de la réponse anglaise qu'il était impossible de négocier la paix après de pareilles propositions. « Le roi, disait-il, a voulu abonder en complaisance pour l'Angleterre afin de faire connaître à l'Europe et au peuple anglais même la disposition de la France et l'éloignement de l'Angleterre par rapport à la paix[1]. »

Il trouvait donc qu'il n'était plus digne de notre pays de continuer indéfiniment des pourparlers qui, de la part d'un des interlocuteurs en présence, étaient menés sans désir réel de les voir aboutir. Aussi recommandait-il à son agent, le 9 septembre 1761, au cas où le mémoire français ne serait pas agréé par Georges III, de déclarer à Pitt que « le roi verrait avec un sensible déplaisir que le moment heureux de rétablir la paix et l'union entre les deux nations n'était pas arrivé. Il se consolerait du retardement de ce bonheur à la pensée de tous les sacrifices qu'il était déterminé à faire pour y parvenir. Il espérait

1. Choiseul à Bussy, 9 septembre 1761.

d'ailleurs que de nouvelles circonstances rapprocheraient les esprits et faciliteraient un ouvrage pour lequel il montrerait toujours le même désir avec la vérité et la bonne foi la plus exacte. » Choiseul conseillait enfin à Bussy, après avoir demandé un passeport pour revenir en France jusqu'au jour où sa présence en Angleterre serait de nouveau utile, de ne fixer son départ qu'au moment où il penserait la chose la plus désavantageuse au crédit anglais.

L'envoyé français profita si bien de cette latitude à lui laissée par les instructions de son ministre que, le 15 septembre 1761, en remettant le mémoire de Choiseul à Pitt, il ne lui annonça même pas son départ au cas où le désaccord entre les deux pays persisterait. Il n'eut pas longtemps à prolonger cette situation délicate. Dès le lendemain, le bruit du rappel de Stanley se répandait, et Bussy en parla à Pitt, qui n'en disconvint pas. Le conseil des ministres anglais, voyant que la réplique de la France à ses propositions ne répondait pas aux vues de l'Angleterre, avait ordonné à son agent de revenir de Paris.

Il existait entre cette mesure et les concessions tardives du secrétaire d'état une trop grande contradiction pour les croire sincères. Elles n'avaient d'autre objet que de mettre les apparences de son côté et de pouvoir rompre sur la question de l'alliance espagnole des pourparlers entamés sous les auspices plus qu'équivoques de l'expédition anglaise contre Belle-Isle.

Bussy, en présence de cette déclaration nouvelle, ne put que communiquer à Pitt les ordres complets de Choiseul. Le ministre anglais, sûr désormais de la rupture, se déclara très mortifié de voir les espérances de paix évanouies. Il ne voulut pas cependant cacher à son interlocuteur que, *s'il eût été le maître, il n'aurait jamais été aussi loin dans la voie des concessions*[1], et il l'assura que, pour une grande partie de la nation, les propositions que nous trouvions trop dures eussent paru trop favorables. L'aveu et la confidence de Pitt sur sa manière de penser se conciliaient mal avec un article paru dans le *London Chronicle* du 17 septembre. Ce journal avait en effet éprouvé le besoin de prétendre que, « nonobstant les bruits qui pouvaient se répandre, il assurait le public que S. M. et le conseil avaient été constamment d'un sentiment unanime sur les conditions auxquelles la

1. *Angleterre*, t. 444, fol. 345.

paix devait être faite avec la France. » Entre la confession du principal intéressé et les affirmations tendancieuses d'une feuille publique, l'embarras du choix n'est pas permis.

X.

Il ne restait plus à Bussy qu'à prendre congé en Angleterre. On voulut du moins le laisser sur une impression favorable, et la courtoisie reprit ses droits, du moment où la politique n'était plus en jeu. Le secrétaire de Pitt, en lui apportant ses passeports, lui déclara, de la part du ministre, qu'il était très fâché de le voir partir. De vive voix déjà, le secrétaire d'état lui avait dit « mille choses obligeantes. » Le duc de Newcastle chargea Bussy de « mille compliments » pour Choiseul et « d'assurer Mme la marquise de Pompadour de son respectueux attachement, qui serait toujours le même, quelque événement qu'il arrivât. » Plus que personne, à l'en croire, il regrettait la rupture de la négociation et il espérait que les circonstances la renoueraient bientôt de façon ou d'autre. Le roi Georges III, à son tour, reçut l'envoyé français et lui parla « avec la même bonté qu'il a toujours fait. »

Les adieux de Stanley à la France ne furent pas moins touchants. Il est vrai que sa tâche n'avait pas été aussi ingrate que celle de Bussy, et ce dernier aurait eu de la peine à écrire à Pitt, en toute sincérité, un billet du genre que voici :

Je suis extrêmement fâché, disait l'agent anglais à Choiseul, d'avoir à vous communiquer la fin malheureuse de la négociation dont j'ai été chargé. *Ma commission m'a été rendue aussi agréable,* pendant qu'elle a duré, *par vos bontés personnelles qu'elle m'était flatteuse par l'espérance de contribuer à la paix.* C'est à présent que l'ombre errante de feu le négociateur va passer le Styx. Je vous prierai, Monsieur, d'ajouter au passeport de mes mânes deux autres pour des courriers avec des ordres pour mes bagages.

Comme je n'ai point encore signé la réponse de ma cour, je vous supplie de l'apporter à Paris avec vous afin que je satisfasse à cette forme mardi prochain, car je serais fâché que la situation de l'Europe, quoiqu'elle puisse me rendre mauvais convive, m'empêchât d'avoir l'honneur de dîner chez vous.

Je serai très charmé, Monsieur le duc, de prouver dans toutes les occasions futures, à tous ceux pour lesquels vous pourriez prendre le moindre intérêt, la parfaite reconnaissance et le respectueux attachement que je vous conserverai toujours.

Il y avait moins d'effusion dans la lettre officielle qu'il adressait au ministre français pour lui annoncer son rappel, mais là encore on trouvait une extrême prévenance. « L'état de guerre ne portant aucune atteinte aux sentiments personnels de leurs majestés très chrétiennes, déclarait Stanley, le roi Georges III était persuadé de la part qu'elles voudraient prendre à son mariage. » A quoi Choiseul répondait que le roi de France avait, en effet, pris « la part la plus sensible » à cet événement.

Quelles que fussent les amabilités échangées entre les deux adversaires, les négociations n'en étaient pas moins rompues et les hostilités allaient bientôt recommencer. Choiseul faisait annoncer la rupture aux cours alliées et les informait que le roi était déterminé à continuer la lutte contre ses ennemis avec la plus grande vigueur en attendant le moment favorable de reprendre les pourparlers auxquels il se prêterait toujours volontiers. Pitt, de son côté, ne redoutait pas l'éventualité de combats où il espérait trouver pour son pays une source nouvelle de gloire et de profits. L'idée d'une guerre avec l'Espagne, loin de l'effrayer, stimulait son ardeur. Il avait même déclaré à Bussy qu'il devrait plutôt l'espérer que la craindre, parce que « l'envie de ne pas blesser la cour de Madrid avait obligé les Anglais à des égards dont il leur serait avantageux de se trouver dispensés[1]. »

Ce n'était pas, il faut en convenir, l'opinion de tous ses concitoyens, car la pensée d'en venir aux mains avec l'Espagne causait à bien des gens une impression de terreur qui se traduisait par une baisse marquée de la rente anglaise descendue jusqu'à 74 francs et par une influence déplorable sur tous les effets publics. Des lettres d'Angleterre prouvent combien la rupture des négociations fut mal accueillie par quantité de bons esprits qui « étaient étourdis des conditions auxquelles on aurait pu avoir la paix et ne faisaient pas façon de dire que l'on mériterait d'en faire une moins avantageuse pour avoir si mal répondu aux sacrifices de la France[2]. »

Ces sacrifices ne devaient pourtant pas être entièrement perdus, et la mission de Bussy à Londres ne resta pas vaine pour

1. *Angleterre*, t. 444, fol. 252.
2. *Angleterre*, t. 444, fol. 376.

l'avenir. Ces échanges de vue et ces pourparlers de quelques mois eurent comme résultats de poser les jalons les plus essentiels de la réconciliation entre les deux pays. L'alliance avec l'Espagne ne donnera pas les résultats espérés par Choiseul, mais, quand la France, au lieu de trouver en face d'elle un adversaire intransigeant comme Pitt, rencontrera les dispositions conciliantes de lord Bute, le bénéfice des conversations antérieures apparaîtra pleinement et les préliminaires de paix ne seront pas longs à signer. Si le ministre français de 1761 n'est plus là pour apposer son nom au bas du traité, il ne faut pourtant pas oublier la patience infatigable de ses efforts.

Dans ces négociations que le duc de Choiseul avait eu à poursuivre avec l'Angleterre, il s'était, en effet, révélé à la hauteur de la tâche qui lui incombait comme chef du gouvernement. Maître de lui dans la discussion et aussi courtois que ferme, il savait voir à la fois clair et loin. Louis XV a prétendu que Choiseul se croyait un grand ministre alors qu'il n'avait qu'un peu de phosphore dans l'esprit. Le mot, tout royal qu'il est, peut sembler joli, mais il manque de justesse. Il est dicté par une sorte de jalousie tout à l'honneur de celui qui l'a inspirée. Entre le roi et son ministre, c'est ce dernier qui avait le mieux saisi la vraie portée des pourparlers que je viens de retracer et l'imprudence commise en remettant le mémoire relatif à l'Espagne.

Il suffit d'ailleurs d'étudier le portrait conservé au ministère de la Guerre pour comprendre qu'au fond de ces yeux pétillants d'intelligence, et derrière ce front découvert sous la perruque de l'époque, existait une pensée capable de bien conduire les affaires du pays s'il en avait eu seulement les moyens. Richelieu disait du cabinet de Louis XIII que quelques pouces de terre lui donnaient plus de mal à gouverner que le reste du monde. Choiseul, à son tour, s'il n'avait pas été contrarié bien souvent par son maître et par les ambitions ou les rivalités qui s'agitaient autour de lui, aurait pu, bien qu'il ne présentât pas toute l'envergure du grand cardinal, réaliser, lui aussi, de grandes choses. Louis XIII avait eu du moins le mérite, au bout d'un certain temps, de sacrifier ses préférences aux mesures que Richelieu lui indiquait comme plus utiles au bien du pays. Louis XV était trop égoïste pour immoler ses préjugés ou ses désirs aux besoins de la France et trop fier, d'autre part, de ses dons naturels pour ne pas prétendre à des vues propres qu'il imposait à son ministre. Bien heureux encore lorsqu'il ne les réalisait pas à son insu et en contradiction avec les plans officiels de son cabinet. C'est une des principales raisons du peu de résultats obtenus en tout temps par la politique de Choiseul.

Les négociations de 1761 offrent un exemple frappant de ces difficultés. Cela ne diminue pas le mérite personnel du ministre qui sut toujours trouver, pour défendre l'honneur de notre pays, le ton de la dignité fière et les arguments de la raison la plus droite. Malheureusement pour nous, le duc de Choiseul se butait à une volonté implacable servie par tous les moyens qui lui faisaient défaut. Aussi ne saurait-on lui en vouloir des sacrifices qu'il consentait pour obtenir la paix, quelque grands et pénibles qu'ils fussent pour le nom français. Plus de marine, une armée en désarroi, des finances dans un état lamentable, voilà le bilan de la situation que le ministre n'avait pas créée et qu'il n'avait pas pu modifier, parce qu'il était arrivé au pouvoir en pleine guerre.

« L'Angleterre et la France étaient comme deux champions qui se battaient; tous deux étaient blessés, mais, si le premier l'était moins, il devait continuer le combat pour s'assurer de la victoire[1]. » Ce mot de Pitt à Bussy éclaire sa politique et la juge.

Pour la condamner, non pas au point de vue anglais, mais au point de vue humain, c'est à Frédéric le Grand que je m'adresserai. Dès 1760, le roi de Prusse avait cherché à conclure la paix. Il recourait à l'intermédiaire du bailli de Froulay, ambassadeur de Malte en France, et lui faisait écrire une longue lettre, à laquelle il ajoutait de sa main :

J'espère, mon cher bailli, que cette *comition* ne vous déplaira pas. Vous en sentez l'importance foncière pour *toute* les parties *belligérante*. La paix c'est le *cris* de l'Europe, mais l'ambition *et* moins délicate. Elle ne *conte* ni le sang répandu ni les malheurs de l'humanité. Il n'y a qu'elle qui puisse *s'oposer* à nos vues salutaires. Je me *flate* que vous ne la *rencontrerai* qu'indirectement dans votre chemin et que le roi de France dont les *sentimens* sont si *conus ainspire* des sentiments *digne* des siens à ses *alliez*[2].

1. *Angleterre*, t. 444, fol. 252.
2. *Prusse, Berlin*, t. 186, fol. 163 et 164.

Si l'orthographe de ce billet laisse à désirer, la pensée qui le dictait à son auteur ne mérite au contraire que l'éloge. C'était le langage de la raison que Frédéric tenait ce jour-là. Aussi tout commentaire affaiblirait-il un jugement qu'il est permis de ratifier en entier. Je ne veux en souligner qu'un mot particulièrement juste dans sa sévérité : « *La paix, c'est le cri de l'Europe, mais l'ambition est moins délicate.* » Cette exécution de l'Angleterre par son allié le roi de Prusse est la justification la plus éloquente de Choiseul en même temps que la condamnation de Pitt.

Nogent-le-Rotrou, imprimerie Daupeley-Gouverneur.

www.ingramcontent.com/pod-product-compliance
Ingram Content Group UK Ltd.
Pitfield, Milton Keynes, MK11 3LW, UK
UKHW021208230726
13926UKWH00001B/382